STADT Wien
BEKANNT

W0173648

Unnützes
HabsburgerWissen

|Holzbaum

Stadtbekannt Medien GmbH Unnützes HabsburgerWissen · www.stadtbekannt.at
1. Auflage 2014 ISBN 978-3-902980-06-9
Fotos Stadtbekannt Medien GmbH (sofern nicht anders angegeben)
Fotografinnen Calina Fontanesi und Marlene Mautner
Druck Theiss, St. Stefan im Lavanttal
Verlag © 2014 Holzbaum Verlag, Wien · www.holzbaumverlag.at

INHALT

VORWORT

Wer eine so lange Familienchronik schreiben kann wie die Habsburger, hat einiges zu erzählen. Quer durch die Epochen hat das Herrscherhaus die Geschichte Europas mitgeprägt: Von der Entstehung Österreichs über Konfessionskriege und Revolutionen bis zum Ersten Weltkrieg - es gibt kaum ein bedeutsames historisches Ereignis, in das die Habsburger nicht irgendwie verwickelt gewesen wären.

Glücklicherweise hat sich zwischen den staubig-altbekannten Großereignissen der Weltgeschichte auch allerhand saftig-süßes unnützes Wissen angehäuft. Dieses Buch versteht sich als eine erfrischende Sammlung von Marotten und Mätzchen großer Persönlichkeiten, historischen Alltäglichkeiten, Absurditäten und intimen Skandälchen. Schrullen, Spinnern und Genies auf dem Kaiserthron wird hier ebenso nachgegangen wie kleinen Hintergründen großer Geschichte(n).

Begleitet uns auf die Reise durch die Epochen und erfahrt die unnützesten Details über eine überaus einflussreiche Familie.

WIE ALLES BEGANN
DER URSPRUNG ÖSTERREICHS

Die Geschichte Österreichs reicht weit zurück. Schon in der grauen Urzeit siedeln Menschen auf diesem Fleckchen Erde und hinterlassen Spuren und kulturelle Artefakte. Römer, Goten, awarische, slawische und bayrische Stämme folgen ihnen nach. Anschließend herrschen Merowinger und Karolinger über das Land und 976 betreten endlich die Babenberger Grafen die Bühne der Österreichischen Geschichte.

Im Jahr 996 taucht in einer Urkunde erstmals der Name „Ostarrîchi" auf - als Bezeichnung für ein Gebilde im Bereich des Donautales (heute Nieder- und Oberösterreich), das gerade einmal so groß ist wie das heutige Burgenland. 1156 macht Kaiser Friedrich I., genannt Barbarossa, Österreich mit dem „Privilegium Minus" zum eigenständigen Herzogtum.

Doch das babenbergische Herzogtum findet sich bald in einer schweren Krise: Der kinderlose letzte Babenberger Friedrich II., genannt „der Streitbare", fällt 1246 in der Schlacht gegen die Ungarn. Ein Machtspiel um das Babenberger Erbe entspinnt sich. Die Protagonisten: Der böhmische König Ottokar II. Přemysl und der römisch-deutsche König Rudolf I. von Habsburg.

VON DEN URSPRÜNGEN BIS AEIOU

1250 - 1450

DIE FRÜHZEIT DER HABSBURGER

Am 26. August 1278 begegnen sich auf dem idyllischen Marchfeld zwei imposante Ritterheere und zwei Könige: Ottokar II. Přemysl und der römisch-deutsche König Rudolf I. Der böhmische König und der Spross des Schweizer Adelsgeschlechts Habsburg stehen sich nicht zum ersten Mal gegenüber. Man bekriegt sich schon lange genug.

Nach ein paar Stunden erbitterten Kampfes ist Rudolf Sieger - und Ottokar tot. Rudolf I. von Habsburg nutzt die gewonnene Schlacht als Gelegenheit zum Aufstieg: 1282 setzt er seine Söhne Albrecht und Rudolf als Herzöge von Österreich ein. Es ist dies der Beginn der jahrhundertelangen Herrschaft des Hauses Habsburg, die erst 1918 enden sollte.

Auch wenn die Habsburger die römisch-deutsche Königskrone in den Folgejahrzehnten zunächst nicht gegen die Luxemburger und Wittelsbacher behaupten können, wächst Österreich. 1335 kommen Kärnten und Krain dazu, 1365 Tirol. 1358 wird Österreich dank Urkundenfälschung zum Erzherzogtum erhöht. Das 14. Jahrhundert vergeht geprägt von inner-habsburgischen Brüderkriegen und Zwistigkeiten.

Mit Herzog Albrecht V. (als röm.-dt. König Albrecht II.) ergattert das Haus Habsburg 1438 die Königskrone zurück. Auch die Königreiche Böhmen und Ungarn fallen ihm durch Erbe zu. Obwohl die Habsburger diese Länder nicht lange halten können, ist für die Nachfolger ein Ziel festgesteckt: Die Herrschaft auch nach Osten auszudehnen.

Erster Kaiser des Heiligen Römischen Reiches wird Albrechts Sohn Friedrich, der als Friedrich III. („AEIOU") und Vater des späteren Kaisers Maximilian I. die Geschichte prägen sollte.

Rudolf der Stifter

HABICHTSBURG

HABSBURG AG
AG steht für den
Kanton Aargau und soll
Verwechslungen mit
dem Haus Habsburg
vermeiden.

EINWOHNERZAHL
2013 lebten 412 Personen
in Habsburg AG, wobei
der Ausländeranteil 6,8 %
betrug.

Die Habichtsburg ist die Stammfeste des ursprünglichen Schweizer Adelsgeschlechts Habsburg. Sie liegt in der Gemeinde Habsburg AG. Bewohnt wurde sie von den frühen Habsburgern allerdings nur zweihundert Jahre lang - das expandierende Geschlecht fand die heimatliche Festung bald schon zu klein und schäbig.

ÖFFENTLICH VERFAULT

DER OFFIZIELLE GRUND
Ottokar stand zum Zeit-
punkt seines Todes unter
Kirchenbann.

Rudolf I., der erste Habsburger König des Heiligen Römischen Reiches (1218-1291), gönnte seinem Feind nicht einmal das Begräbnis: Nachdem der böhmische König Ottokar II. Přemysl nach der Schlacht am Marchfeld ermordet worden war, ließ Rudolf den Leichnam nach Wien bringen und 30 Wochen lang öffentlich aufgebahrt dahinfaulen.

GEFÄLSCHTE ERZHERZÖGE

Herzog Rudolf IV. lebte im 14. Jahrhundert und wurde als Rudolf „der

Stifter" bekannt. „Der Fälscher" wäre auch ein guter Beiname gewesen: Rudolf erhöhte mithilfe von Urkundenfälschung die Habsburger zu Erzherzögen - ein Titel, der eigentlich der Geistlichkeit vorbehalten war.

PRIVILEGIUM MAIUS
Das gefälschte Dokument trägt den Titel Privilegium Maius und liegt heute im Österreichischen Staatsarchiv.

MÖRDERISCHER NEFFE

HINWEIS AM RANDE
Johann erhielt von der Geschichtsschreibung den unrühmlichen Beinamen „Parricida" (lat. für Vater- oder Verwandtenmörder), musste fliehen und starb wenige Jahre nach der Tat.

Seine eigene Verwandtschaft wurde Albrecht I., Herzog von Österreich, 1308 zum Verhängnis: Weil er sich weigerte, seinem Neffen Johann das ihm vermeintlich zustehende Erbe herauszugeben, lauerte ihm dieser auf und spaltete ihm vom Pferd aus den Schädel.

ALBRECHT MIT DEM ZOPF

Der Habsburger Albrecht der III. herrschte im späten 14. Jahrhundert als Herzog über Teile des heutigen Österreich. Da es zu seiner Zeit gerade in Mode war, einem Ritterorden anzugehören, gründete Albrecht einen eigenen: Den „Zopforden", oder „Orden von der Locke".

Mitglieder trugen nicht nur das Haar zum Zopf geflochten, sondern auch einen silbrigen Halsreif in Form eines Zopfes sowie einen eigenen Ornat. Angeblich kam Albrecht auf die Idee mit dem Zopforden, nachdem ihm eine Dame ihren Zopf geschenkt hatte.

TOD DURCH MELONEN

Kaiser Friedrich III. erlangte durch seine
„AEIOU"- Formel Bekanntheit und regierte
53 Jahre lang als Kaiser des Heiligen
Römischen Reiches.

Er starb zeitgenössischen Quellen zufolge
an einer Überdosis Melonen, die ihm eine
ruhrartige Darmerkrankung bescherten.
Es war aber nicht das Obst allein. Die
kurz zuvor erfolgte Beinamputation nach
Altersbrand (Absterben von Gewebe)
hatte den Kaiser sehr geschwächt
und war daher mit für seinen Tod
verantwortlich.

RÄTSELHAFTE FORMEL

Die vielleicht bekannteste
Hinterlassenschaft des Habsburger
Kaisers Friedrich III. (1415-1493) ist die
formelhafte Buchstabenfolge „AEIOU".
Er ließ sie in Gebäude und Gegenstände
eingravieren und maß ihr wohl eine
persönliche, mystische Bedeutung zu.

Was „AEIOU" genau bedeutet, klärte

AEIOU
Es gibt über 300 verschiedene
Deutungen für die weltberüh-
mte Abfolge der Vokalen.

Friedrich nie auf. Die beliebtesten Deutungen bis heute sind:

- „Alles Erdreich ist Österreich Untertan"
- „Aller Ehre ist Österreich voll" (das U wurde damals als V geschrieben!)
- „Austriae est imperare orbi universo" = „Österreich soll die ganze Welt beherrschen"

Aber auch weniger freundliche Auslegungen sind im Umlauf:

- „Austria est in orbe ultimum" = „Österreich ist auf Erden das Letzte"

JUWELENBESESSENER GEIZKRAGEN

Friedrich III. liebte Kleinodien aus Gold und kostbaren Juwelen. Sein Reichtum war legendär - aber auch sein Geiz und sein Hunger nach neuen Schätzen.

Zum Eklat kam es bei einem Besuch am Hof des Burgunder Herzogs Karl I. dem Kühnen, mit dem er Heiratspläne für seinen Sohn Maximilian I. und Karls Tochter Maria von Burgund aushandelte. Friedrich soll Karl regelrecht um Schätze angebettelt haben - etwas peinlich für einen Herrscher.

Friedrich III. Ausschnitt von einer
Zeichnung von Eduard Bendemar

Im Alter verbrachte Friedrich viel Zeit mit seinen Schatztruhen und befasste sich auch mit Alchimie, in der Hoffnung, selbst Gold herstellen zu können.

VERSTECKTES GOLD

Weil ihn als alternden Griesgram kaum jemand mehr bedienen wollte, erfand Friedrich III. eine Methode, um die Dienerschaft zu ködern: Er versteckte in seiner Kammer winzige Goldschätze, die man behalten durfte, wenn man sie fand.

Trotzdem rannten ihm die Dienstboten nicht die Türe ein. Er scheint doch ein komplizierter Charakter gewesen zu sein.

FRIEDRICH MIT DEN VIELEN ZAHLEN

IN ROM GEKRÖNT
Friedrich III. lebte von 1415-1493 und war der letzte Kaiser des HRR, der in Rom vom Papst gekrönt wurde. Sein Sohn Maximilian I. konnte sich nicht mehr in Rom krönen lassen: Die politische Lage in Italien - die Republik Venedig sympathisierte nicht gerade mit den Habsburgern - machte die Durchreise unmöglich.

Als fünfter Herrscher seines Namens im Haus Habsburg war er Friedrich V., als Römisch-Deutscher König nannte er sich Friedrich IV. und als Kaiser des Heiligen Römischen Reiches Friedrich III. Kein Wunder, dass es da zu Verwechslungen kommt, obwohl es sich um eine einzige Person handelt.

DER LETZTE RITTER
UND SEIN ERBE

1450 - 1575

DER AUFSTIEG
DER HABSBURGER

15. Jahrhundert - wir befinden uns auf der Schwelle zur Neuzeit: 1402 entdeckt Christoph Columbus Amerika. Das Zeitalter der Entdeckungen bricht an. Renaissance-Kunst, Kultur und Wissenschaft erleben eine Hochblüte, der Humanismus prägt Europa. Es ist die Zeit großer Künstler wie Shakespeare, Da Vinci oder Dürer, aber auch eine Zeit der Religionskonflikte. 1517 schlägt Luther seine 95 Thesen an ein Kirchentor.

In Österreich folgt Maximilian I. seinem Vater Friedrich III. auf den Kaiserthron nach. Als „letzter Ritter" fördert er das kulturelle Leben, als unerbittlicher Machtpolitiker sorgt er für Einflussgewinn

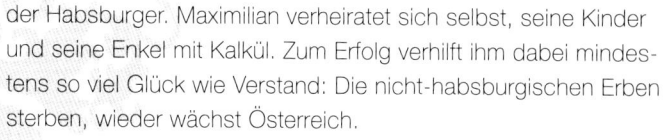

der Habsburger. Maximilian verheiratet sich selbst, seine Kinder und seine Enkel mit Kalkül. Zum Erfolg verhilft ihm dabei mindestens so viel Glück wie Verstand: Die nicht-habsburgischen Erben sterben, wieder wächst Österreich.

Maximilians Enkel, Kaiser Karl V., wird so zum Herrscher über ein Reich, „in dem die Sonne nicht untergeht". Das Haus Habsburg teilt sich in eine österreichische und eine spanische Linie; das Herrschaftsgebiet umfasst nun Böhmen, Teile Ungarns und Italiens, Spanien, die Niederlande (Burgund) und sogar Kolonien in der Neuen Welt.

SIEGMUND DER MÜNZ- UND KINDERREICHE

Geld macht sexy? Offenbar. Während aus den beiden Ehen des Tiroler Landesfürsten Siegmund von Österreich-Tirol (1427-1496) keine Kinder hervorgingen, zeugte der umtriebige Herr insgesamt 52 Kinder mit verschiedensten anderen Frauen.

Der ausschweifende Lebensstil Siegmunds des „Münzreichen" machte Tirol arm und sorgte für Wirbel. Er musste 1490 zugunsten Kaiser Maximilians I. abdanken. Dass dieser das Schulden machen fortsetzte, ist eine andere Geschichte.

KAISERLICHER MARKETING-PROFI

Als solchen kann man Kaiser Maximilian I. getrost bezeichnen. Der Kaiser brachte Legenden, Lieder und Flugblätter über seine angeblichen Heldentaten unters Volk, ließ Münzen und Bilder mit seinem Antlitz verteilen und sorgte mit einem regen Hofleben sowie Festen,

Turnieren und Musikveranstaltungen für Gesprächsstoff.

Billig war das freilich nicht, der Kaiser war bald pleite. Aber Maximilian wusste, das Image ist alles: „Die streitbare Regierung und das künftige Gedechtnus (= Ruhm, Erinnerung) sind mehr wert denn das Geld."

MÖCHTEGERN-PAPST

PLEITEKAISER
Die Unternehmung scheiterte nicht am Enthusiasmus, sondern am Geld: Maximilian war hoffnungslos am Sand, seine Bank weigerte sich, ihm weitere Kredite zu geben.

Kaiser Maximilian I. sah sich nicht nur als guter Herrscher, sondern auch als ritterlicher Vertreter des Christentums. Aus diesem Grund wollte er Papst werden und einen Feldzug gegen Rom führen.

RETTUNG AUS DER MARTINSWAND

Ein wahrer Jagdliebhaber war der Habsburger Kaiser Maximilian I. Er jagte besonders gerne in der Gegend der Innsbrucker Martinswand. Schließlich könne man hier publikumsfreundlich „den Gembs (=Gams) vor so vielen schönen Frauen fällen" wie kaum anderswo.

Bella

gerant alii

– tu, felix

Austria,

nube

DIE HAND GOTTES?
Maximilian selbst behauptete nachher hartnäckig, sein Retter sei ein Engel Gottes gewesen, oder gar der Herrgott persönlich. Somit gelang es ihm, sogar aus dieser peinlichen Episode noch eine Heldengeschichte zu machen.

Dumm lief es nur, als sich der Kaiser in der Wand verstieg und sich weder vor noch zurück traute. Ein Bauernbursch musste ihn aus der misslichen Lage retten.

GUT GEHEIRATET IST HALB GEWONNEN

FALSCHE IDYLLE
Der Spruch „Bella gerant alii - tu, felix Austria, nube" (Kriege mögen die anderen führen, du, glückliches Österreich, heirate) ist trotz alledem beschönigend: Maximilian I. war nicht gerade ein Kriegsgegner und machte sich mit seiner expansiven Politik naturgemäß auch viele Feinde.

Kaiser Maximilian I. wurde berühmt für seine eigenhändig eingefädelten Hochzeiten. Er selbst heiratete erst die Erbherzogin Maria von Burgund und in zweiter Ehe die reiche Bianca Maria Sforza.

Seinen Sohn Philipp I. (Philipp der Schöne) verheiratete er an Johanna von Kastilien (Johanna die Wahnsinnige), seine Tochter Margarethe an deren Bruder Juan. Dank dieser Verbindungen erbte das Haus Habsburg die spanischen Länder Kastilien und Aragon.

Bei der „Wiener Doppelhochzeit" 1515 heiratete Maximilian als Stellvertreter für einen seiner Enkel die böhmische Prinzessin Anna Jagiello und vermählte seine Enkelin Maria mit Ludwig II., dem Prinzen von Böhmen und Ungarn. Ludwig verschwand 1526 in der Schlacht von Mohács gegen die Osmanen. Die Habsburger erbten wieder.

RITTER UND FANTASY-AUTOR

Kaiser Maximilian I. war Autor eines autobiographisch-allegorischen Ritterromans mit dem Titel „Theuerdank". Er beschrieb darin seine Brautfahrt zu Maria von Burgund. Ob Maximilian auf seiner Reise aber wirklich mit Wildschweinen, brennenden Kühen und intrigenspinnenden Hauptleuten namens Fürwitz, Unfall und Neidhart konfrontiert war, darf bezweifelt werden.

Das Buch war aber mehr als bloß ein Fantasy-Roman über einen Kaiser. Es erfüllte durchaus eine politische Funktion, indem es den Herrscher öffentlich zum Helden stilisierte.

MISSHANDLUNG LAUT TESTAMENT

Weil er um sein Seelenheil fürchtete, ordnete Kaiser Maximilian I. folgende Torturen an, die nach seinem Tod an ihm zu vollziehen wären:

- Geißelung des Leichnams
- Ausschlagen der Zähne
- Scheren des Kopfes

KLEINER HINWEIS AM RANDE Derartige Leichenmisshandlungen waren im damaligen Zeitgeist nachvollziehbar und sollten die Demut des Herrschers vor Gott unter Beweis stellen.

JOHANNA DIE WAHNSINNIGE

Johanna von Kastilien, die Gemahlin des Habsburgers Philipp I., soll nach dem plötzlichen Fiebertod ihres Mannes dem Wahnsinn verfallen sein. Angeblich weigerte sie sich, den Leichnam des Gatten zur Bestattung herauszugeben, zog mit dem Sarg durchs Land und vergewisserte sich durch mehrmaliges Öffnen desselben immer wieder, dass Philipp bloß schlafe.

Heute bezweifeln allerdings viele Historiker Johannas Wahnsinn und vermuten, dass sie einer machtpolitischen Intrige zum Opfer fiel und depressiv wurde. Sie starb 1555 betagt, vernachlässigt und verwahrlost in Klosterhaft.

Der älteste Sohn Johannas und Philipps, Karl, begründete die spanische Linie der Habsburger und wurde Kaiser des Heiligen Römischen Reiches.

RASENDE EIFERSUCHT

Johanna die Wahnsinnige liebte ihren

Mann abgöttisch. Um den hübschen Womanizer vom Fremdgehen zu bewahren, sorgte sie dafür, dass ihre Dienerschaft nur aus entstellten Maurinnen bestand.

Philipp schaffte es trotzdem, Johanna, die gerade ihr viertes Kind geboren hatte, mit einer feschen Niederländerin zu betrügen. Sie wurden von Johanna erwischt, in der Panik zerriss und verschluckte die Geliebte Philipps Liebesbrief.

Da brannten bei der Königin alle Sicherungen durch: Sie attackierte die Nebenbuhlerin mit einer Schere, zerschnitt ihr das Haar und versuchte sie zu kratzen. Philipp verhinderte das Schlimmste.

DON CARLOS, DER ECHTE

Der spanische Thronfolger Don Carlos (1545-1568) wurde von Friedrich Schiller und Giuseppe Verdi als romantischer Held verewigt. Die Wirklichkeit sah anders aus: Der Sohn König Philipps II. war kränklich, geistig zurückgeblieben und jähzornig. Es konnte vorkommen, dass er einfach so

DON CARLOS
Er war der Sohn des spanischen Königs Philipp II. mit dessen Cousine Marie von Portugal. Seine Urgroßmütter Johanna „die Wahnsinnige" und Maria von Spanien waren Schwestern.

Johanna die Wahnsinnige
Gemälde: Meister der Josephsfolge

Friedrich von Schi...

ein Pferd zu Tode ritt.

Mit 23 Jahren starb er unter mysteriösen Umständen. Es wird gar vermutet, dass sein eigener Vater ihn mit kühlem Trinkwasser vergiften ließ.

MONOPOL AUF SALZ

Wenn es ums Wirtschaftliche ging, kannten die Habsburger des ausgehenden 15. Jahrhunderts keine Gnade. Um ihre Monopolstellung in Salzproduktion und -handel zu zementieren, verboten sie schlichterhand den Verkauf der Konkurrenzware aus Bayern und Salzburg auf ihren Territorien.

Die Folge: Verstärkter Schmuggelbetrieb.

GEADELTER KÜNSTLER

Albrecht Dürer war einer der Lieblingskünstler Kaiser Maximilians. Berühmt sind vor allem Dürers Kaiser-Portraits sowie die Illustrationen zu Maximilians literarischen Werken.

Überliefert ist eine Begebenheit, bei der Maximilian einen Adeligen bat, Dürer beim Deckenmalen die Leiter zu halten. Dieser weigerte sich und meinte, das sei doch unter seiner Würde. Darauf entgegnete Maximilian grantig, er könne einen Künstler jederzeit zum Adeligen machen, aber nicht jeden Adeligen zum Künstler. Dürer bekam in diesem Moment seinen Adelstitel.

UNGESUNDE LEIDENSCHAFT

Reformations-Kaiser Karl V. (1500-1558) hatte ein ungesundes Hobby: Schlemmen. Mit Freude aß er Unmengen exquisiter Speisen und üppiger Süßspeisen, dazu trank er übermäßig viel. Zeitgenossen berichten, dass er sein Essen nicht einmal richtig kaute, sondern einfach herunterschlang.

HINWEIS AM RANDE
Kurioserweise starb Karl V. nicht am Essen, sondern an der Malaria.

Wie viele Wohlhabende damals litt Karl Zeit seines Lebens an der Gicht. Auch Magenverstimmungen, Hämorrhoiden, Durchfall und Diabetes plagten ihn. Trotzdem, nicht einmal die Ärzte konnten ihm seine Frühstücks-Bierchen und Köstlichkeiten ausreden.

Unnützes WienWissen

www.stadtbekannt.at

FESTE, POMP UND RELIGIONSKRIEGE

1575 - 1740

DAS HAUS HABSBURG IM BAROCK

Hört man das Wort „Barock", so denkt man wohl zunächst an höfischen Glanz und den Pomp von Versailles, an feierliche Musik und schillernde Persönlichkeiten, an Kunst und Architektur, die sich in üppigen Formen entfalten.

Doch die Epoche zeigt sich zu Beginn alles andere als schillernd. Ein gewaltiger Konflikt zwischen Katholiken und Protestanten brodelt in den Kronländern - nur ein Tropfen reicht aus, um das Fass zum Überlaufen zu bringen. Der Tropfen findet sich 1618, als protestantische Stände die Prager Burg stürmen und die katholischen Statthalter kurzerhand aus dem Fenster schmeißen. Warum? Der Habsburger Kaiser Rudolf II. hat Religionsfreiheit zugesichert, doch seine Nachfolger Matthias und Ferdinand II. (Ferdinand der Fromme) halten sich kaum daran und verfolgen die Protestanten bis aufs Blut.

Im Dreißigjährigen Krieg von 1618-1648 setzt sich schließlich die katholische Gegenreformation durch.

Man bemüht sich rasch, aus dem verheerten Land wieder etwas Herzeigbares zu machen. Die Barockkaiser Leopold I., Joseph I. und Karl VI. entdecken nach und nach den Absolutismus als neue Herrschaftsform und reformieren die Staatsstruktur.

Wiener Kapuzinergruft

„SÜNDIGES FLEISCH"

Um sich von ihren irdischen Begierden und aller weltlichen Sünde zu reinigen, züchtigte sich Anna von Tirol (1585-1618), Gattin und Cousine von Kaiser Matthias, selbst mit Geißeln und Peitschen. Verschiedene Modelle kann man heute in der Schatzkammer bewundern. Spielzeuge waren die Objekte

EDLE GRÄBER
Die asketische, extrem fromme Dame mit dem Hang zum Masochismus ist übrigens auch Begründerin der Wiener Kapuzinergruft, wo sie mit ihrem Mann bis heute bestattet liegt.

der Selbstkasteiung nicht: Sie sind teils sogar mit Eisenkugeln versehen!

JULIUS D'AUSTRIA

FASCHINGSMONTAG
Julius zerstückelte seine Geliebte am Faschingsmontag des Jahres 1608.

Der uneheliche Sohn des Habsburger Kaisers Rudolf II. lebte auf Schloss Krumau und war berüchtigt für seine psychotischen Wutanfälle.

Im Jahr 1607 stritt er sich mit seiner Geliebten Markéta Pichler und warf sie aus dem Fenster. Das Mädchen überlebte und floh, aber Julius erzwang ihre Rückkehr, indem er sie mit dem Erhängen ihres Vaters erpresste. Anschließend tötete er sie bestialisch.

Der krankhaft Rasende wurde daraufhin in seinem Schloss gefangengesetzt und starb dort in kompletter Verwahrlosung an einem bösartigen Halsgeschwür.

BRUDERZWIST

Nachdem der Habsburger Kaiser Rudolf II. (1552-1612) zu psychischen Problemen neigte und sich weigerte zu heiraten und die Erbfolge zu sichern, intrigierte sein Bruder Matthias gegen ihn und führte schließlich seine Entmachtung herbei.

Im Ringen um die Krone scheuten beide Parteien vor Gewalt nicht zurück: Während Matthias und seine Mitverschwörer Putschversuche planten, bemühte Rudolf Söldnerheere.

DER FROMME FERDINAND

Der Habsburger Erzherzog Ferdinand II., auch Ferdinand der Fromme (1578-1637) galt als tiefgläubiger Katholik.

Das hielt ihn allerdings nicht davon ab, während der Gegenreformation zahllose Protestanten vertreiben zu lassen. Wer sich nicht „rekatholisieren" lassen wollte, wurde hingerichtet, sein Vermögen konfisziert und an Günstlinge verteilt. Auch Bücherverbrennungen und Folter gehörten zum Repertoire des Glaubensterrors.

Beifall gab es aus Spanien, wo es die Inquisition mit der christlichen Nächstenliebe ähnlich genau nahm.

FASCHING BEI HOF

Unter Kaiser Leopold I. (1640-1705) wurden in der Hofburg prunkvolle Faschingsfeste unter dem Namen „Wirtschaften" abgehalten.

Zu diesem Anlass verwandelte sich der gesamte Hofstaat, Kaiser und Kaiserin inklusive, in die lustige Gesellschaft eines Wirtshauses, und Adelige tanzten und feierten als Bäuerinnen, Hirten, Narren und Sagengestalten.

MUSIKALISCHER KAISER

Der Habsburger Barockkaiser Leopold I. war weder schön anzusehen noch bewandert in den Wissenschaften oder militärischen Angelegenheiten. Doch er hatte ein großes Talent: Die Musik.

Leopold komponierte rund 230 Werke, darunter Arien, Oratorien, Requien und Singspiele, dirigierte ein Kammerorchester und spielte selbst mehrere Instrumente. Anlässlich der Hochzeit mit seiner Nichte und Cousine, Margaretha Theresia von

Spanien, schuf er gar Teile der Oper „Der goldene Apfel": So komponierte er etwa die gesamte neunte Szene des zweiten Aktes.

KURZSICHTIGER SCHÜTZE

Kaiser Karl VI., der Vater Maria Theresias, war für seine Jagdleidenschaft bekannt. Auch seine Frau und seine Schwestern jagten gern. Zu einem tragischen Unfall kam es jedoch, als der kurzsichtige Kaiser anstatt des Wilds seinen Oberstallmeister Adam Franz Fürst von Schwarzenberg traf und tödlich verwundete.

ROYALE FEHLTREFFER
Karl VI. war nicht der einzige Habsburger Kaiser, dem ein solches Missgeschick passierte: Auch Karl V. zielte einmal fatal daneben, sogar Joseph II. erschoss versehentlich einen Treiber.

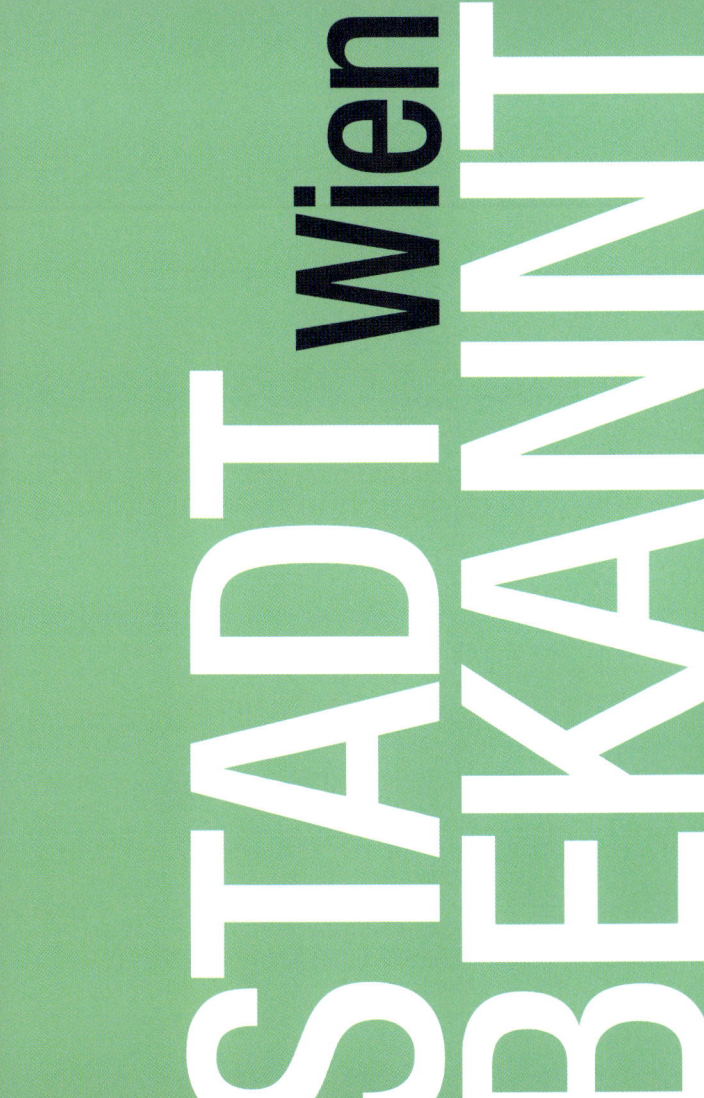

GEMÄLDE GALERIE

]a[

akademie der bildenden künste wien

Meisterwerke der europäischen Malerei

1010 Wien | Schillerplatz 3 | Di – So 10 – 18 Uhr | www.akademiegalerie.at

KINDERSEGEN UND REVOLUTION

Im Jahr 1713 beschließt Kaiser Karl VI. mit der „Pragmatischen Sanktion" die Möglichkeit einer weiblichen Erbfolge. Als er 1740 tatsächlich ohne männlichen Erben stirbt - Karl VI. war der letzte männliche Habsburger - geht die Macht auf seine blutjunge Tochter Maria Theresia und ihren Gemahl Franz Stephan I. von Lothringen über.

Die junge Herrscherin muss sich bald in großen Kriegen bewähren. Sie beginnt auch, Österreich zu reformieren - wobei die kinderreiche Katholikin nur mäßige Begeisterung für die neue Zeit beweist. So richtig nach den Grundsätzen der Aufklärung modernisiert wird erst unter ihrem Sohn Joseph II.

Leopold II ist der nächste Kaiser. In seine Amtszeit fällt das wohl wichtigste Ereignis des 18. Jahrhunderts: die Französische Revolution. 1789 erhebt sich das Volk gegen die dekadente Obrigkeit, eine Verfassung wird niedergeschrieben, adelige Köpfe rollen. Unter den Opfern ist Marie Antoinette, Gattin des französischen Königs und Tochter Maria Theresias.

MARIA THERESIA UND IHRE NACHFOLGER 1740 - 1848

Nicht lange nach der Revolution nutzt Napoleon Bonaparte die Chance zum Aufstieg und stürzt Frankreich in einen langwierigen Krieg gegen diverse europäische Länder. Erst in der Schlacht bei Waterloo wird er endgültig geschlagen.

Der Wiener Kongress von 1815 zieht die Grenzen in Europa neu und bringt auch das Ende des Heiligen Römischen Reiches. Dafür wird Österreich nun ein Kaisertum - mit Franz I. als erstem Kaiser und Ferdinand I., genannt der Gütige, als dessen Nachfolger.

Der schwache Herrscher fungiert jedoch bloß als Marionette für einen Polizeistaat unter der Regie seines Ministers Klemens Wenzel Lothar von Metternich. Soziale Kontrolle, Häuslichkeit und Anpassung dominieren die als Biedermeier bezeichete Ära, während zugleich soziale Spannungen wachsen und der Ruf nach Verfassung und Bürgerrechten lauter wird. Erst 1848 kommt es ausgehend von Liberalen, Nationalisten und Arbeitern erneut zum offenen Aufstand gegen die Monarchie.

Maria Theresia im Kreise ihrer Kinder
© Bruno Haberzettl (aus dem Buch „Cartoons über Wien", Holzbaum Verlag 2014)

DIE KINDER MARIA THERESIAS

Der Ehe zwischen Franz Stephan von Lothringen und Maria Theresia von Österreich entsprangen 16 Kinder:

- Maria Elisabeth *1737 +1740
- Maria Anna *1738 +1789
- Maria Karolina *1740 +1740

- Joseph *1741 +1790
- Maria Christina *1742 +1798
- Maria Elisabeth *1743 +1808
- Karl Joseph *1745 +1761
- Maria Amalia *1746 +1804
- Leopold *1747 +1792
- Maria Karolina *1748 +1748
- Johanna Gabriela *1750 +1762
- Maria Josepha *1751 +1767
- Maria Karolina *1752 +1814
- Ferdinand Karl Anton *1754 +1806
- Maria Antonia (Marie Antoinette)
  *1755 +1793
- Maximilian Franz *1756 +1801

ZWEI MAL 16

Maria Theresia ist nicht die einzige Regentin in der Linie der Habsburger, die 16 Kinder zur Welt brachte: Auch ihre Schwiegertochter Maria Ludovica von Spanien, die Gattin Kaiser Leopods II., gebar 16 Kinder.

Dass Leopold auch außerehelich im Nachwuchs zeugen hoch aktiv war, störte Maria Ludovica wenig. Sie war sogar mit einigen Mätressen ihres Gatten befreundet.

MARIE ANTOINETTES „DISNEYWORLD"

Um sich dem Trubel von Versailles entziehen zu können, ließ sich Marie Antoinette ein eigenes Fantasie-Bauerndorf errichten. Das ebenso lieblich wie künstlich anmutende „Hameau de la Reine" (Dorf der Königin) war von bunten Gärten umgeben und wurde sogar von Statisten bewohnt.

HÖFISCHE KOSENAMEN

Franz Stephan von Lothringen und Maria Theresia pflegten sich in Briefen mit liebevollen Kosenamen anzusprechen. So nannte er sie „Reserl" oder „Chère Mitz", sie schrieb an ihr „Mäusel".
Obwohl Franz Stephan immer wieder seine Affärchen hatte und Maria Theresia ihm dies keineswegs locker nachsah, kann die Ehe als glücklich bezeichnet werden.

FRANZ STEPHAN VON LOTHRINGEN

Franz Stephan von Lothringen, auch

Franz Stephan von Lothringen

bekannt als Franz III. Herzog von Lothringen und Bar, als Franz II. Großherzog der Toskana und Regent der Habsburgischen Erblanden gemeinsam mit seiner Gattin Maria Theresia und als Franz I. Kaiser des Heiligen Römischen Reiches, ist nicht zu verwechseln mit seinem Enkel Franz II. Kaiser des Heiligen Römischen Reiches und zugleich auch Franz I. Kaiser von Österreich.

Maria Theresia

GEHEIME KONFERENZEN

Im runden chinesischen Kabinett – es
gibt übrigens auch ein ovales – hielt Maria
Theresia geheime Staatskonferenzen und
Besprechungen mit Staatskanzler Fürst
Wenzel Anton von Kaunitz-Rietberg ab.
Beide Kabinette nutzte sie auch, um ihrer
bekannten Spielleidenschaft zu frönen.

IRRGARTEN

SCHÖNBRUNNER IRRGARTEN
Der Irrgarten im Schlosspark von Schloss Schönbrunn besteht aus 630 Metern blickdichter Hecken. In verborgenen Winkeln sind zwölf Steine mit den Tierkreiszeichen versteckt.

Um 1720 wurde im Schönbrunner Schlosspark ein Irrgarten angelegt. Der 1999 nach historischem Vorbild wieder eröffnete Irrgarten ist mit zwei kraftspendenden Harmoniesteinen ausgestattet, die von den Feng-Shui-Meistern Jes und Julie Lim aktiviert wurden.

GRAUSLICHER KÜBEL

Maria Theresia pflegte viel, schnell und ungesund zu essen, weshalb ihr Leibesumfang stetig zunahm. Vor den schädlichen Folgen ihrer Ernährung versuchte sie ihr Leibarzt Gerard van Swieten auf drastische Art zu warnen.

Ähnlich wie in heutigen TV-Abnehm-Shows ließ Van Swieten dasselbe an Speisen und Getränken in einem Kübel zusammenrühren, was die Kaiserin aß. Er zeigte ihr das Gemisch mit der Bemerkung, in ihrem Magen sähe es so aus wie in dem grauslichen Kübel.

Maria Theresia aß daraufhin weniger, doch die Abschreckung war nur von kurzer Dauer - sie verbreiterte sich weiter.

MARIA THERESIAS AUFZUG

Im Alter legte die immer schon etwas beleibtere Kaisergattin Maria Theresia noch einmal ordentlich an Kilos zu. So viel, dass sie kaum mehr selbst gehen beziehungsweise Stiegen bewältigen konnte.

Um sie in Schönbrunn von einem Stockwerk in ein anderes zu befördern, kam ein an Seilen befestigtes Kanapé als „Aufzug" zum Einsatz.

INTOLERANTE REGENTIN

Wenn man den Namen Maria Theresia hört, denkt man zunächst einmal an die dicke Landesmutter mit 16 Kindern. Dass die Regentin jedoch auch ihre dunklen Seiten hatte, beweist ihre intolerante Religionspolitik.

So ließ die überzeugte Katholikin

Gerard van Swieten

Protestanten zwangsweise in die
Peripherie des Reiches absiedeln,
nahm ihnen die Kinder weg, um sie in
sogenannten „Konversionshäusern"
umzuerziehen und veranlasste, dass
tausende Juden aus Prag vertrieben
wurden.

Maria Theresia

KEUSCHHEITSKOMMISSION

Die von Maria Theresia ins Leben gerufene
katholische Sittenpolizei ahndete folgende
„Delikte":
- Arbeit von Kellerinnen in Lokalen
  („unsittlich")
- Landstreichertum
- Prostitution
- Öffentliches Flanieren ohne Hemd bei
  Männern
- Tragen knielanger („unanständiger")

Trachten bei Frauen
- Plaudern in der Kirche
- Betteln

Besonders Frauen wurden oft zu Opfern der berüchtigten Keuschheitskommission. Das Strafrepertoire: Rutenhiebe, öffentliches Zurschaustellen, Teeren des Kopfes und Vertreibung aus der Stadt, Deportation und Zwangsarbeit.

Die Kaiserin hielt diese Mittel bis zu

ihrem Lebensende für geeignet, um ihre
Untertanen zum Katholizismus zu erziehen.

ANLEITUNGEN ZUM FOLTERN

Die „Constitutio Criminalis Theresiana"
wurde 1768 von Erzherzogin Maria
Theresia erlassen und enthält neben
Strafrechtstexten auch detaillierte
Anleitungen zur „korrekten" Anwendung
diverser Foltergeräte: Von „Streckleitern"
über „Daumenstöcke" bis hin zu
„Beinschrauben" und verschiedenen
Tötungsarten ist hier alles beschrieben.

AUF DEN TAG GENAU
Am 2. Jänner 1776 wurde
die Folter in den Öster-
reichischen Erblanden
verboten. Am 2. Jänner
1900, also exakt 124
Jahre später, erschien
die „Kronen Zeitung" zum
ersten Mal.

Zum Glück war der damals schon
rückständige Text nicht lange in Kraft.
Bereits 1776 wurde die Folter in den
Österreichischen Erblanden aufgehoben.
Maria Theresias Sohn Joseph II.
schrieb die neuen Regelungen 1787 im
Josephinischen Strafrecht schließlich ganz
offiziell fest.

ARZT UND VAMPIRJÄGER

Maria Theresia schickte ihren Leibarzt
Gerard van Swieten 1755 nach Mähren,

VAN HELSING
Der Mediziner Van Swieten diente übrigens Bram Stoker als Namensvorbild für seinen „Dracula"-Hauptprotagonisten, den Vampirjäger Van Helsing.

um eine Vampirplage aufzuklären, die die Bewohner in Angst und Schrecken versetzte.

Kaum angekommen, erkannte der gebildete Mann: Die Leichen waren keine Untoten. Sauerstoffmangel und Gärungsprozesse hatten die Verwesung verlangsamt und schaurige chemische Prozesse in Gang gesetzt. Maria Theresia verbot daraufhin sämtliche Anti-Vampir-Maßnahmen wie das Pfählen oder Köpfen von Leichen.

Joseph II.

„AUS DIESEM THOR IM BOGEN…"

„…ist Kaiser Joseph II. geflogen"
behauptet zumindest eine Tafel im
Haus Gutenberggasse 13 am Wiener
Spittelberg.

Zu Zeiten des Kaisers befanden sich hier
zahlreiche Bordelle, die dieser auch gerne
inkognito aufsuchte. Als der sparsame
Joseph einmal den geforderten Preis nicht
zahlen wollte, wurde er gewaltsam aus
dem Etablissement entfernt.

ZEITSPRUNG
Heute befindet sich in
der Gutenberggasse 13
das Lokal „Witwe Bolte".
Das Taferl mit der Inschrift
hängt in einem Gästeraum
und kann dort bei feinen
Schmankerln und Weinen
bestaunt werden.

SCHATZ, ICH LIEBE DEINE SCHWESTER

Kaiser Joseph II. liebte seine Gattin
Isabella von Parma. Diese jedoch
fühlte sich eher zu ihrem Geschlecht
hingezogen und unterhielt eine innige
Affäre mit Josephs Schwester Maria
Christina von Österreich.

In Liebesbriefen vergötterten sich die
Aristokratinnen gegenseitig. So schrieb
Isabella an Maria Christina: „Allerliebster
Schatz (…) ich küsse dein erzenglisches

Arscherl…„

KEIN GLÜCK MIT DEN FRAUEN

Obwohl Kaiser Joseph II. ungewöhnliche Schönheit nachgesagt wurde, hatte er wenig Glück mit seinen Gattinnen:

Josephs verehrte erste Frau, Isabella von Parma interessierte sich mehr für seine Schwester Marie Christine. Seine zweite, Maria Josepha von Bayern, war derart unattraktiv, dass die Eheleute nie ein Bett miteinander teilten. Beide Frauen starben jung an den Pocken. Joseph heiratete nie wieder.

SCHIFFZIEHEN ALS STRAFE

LUSTIGE REFORMEN
Joseph II. reglementierte auch die Anzahl der Kerzen in Kirchen, führte die Hundeleinenpflicht ein und verbot Mädchen aus Gesundheitsgründen das Tragen von Korsettstangen.

Nachdem Joseph II. die Todesstrafe abgeschafft hatte, führte er als „Ersatz" das Schiffziehen als Zwangsarbeit ein. Ausgewählte Zuchthaussträflinge mussten nun in Ungarn Schiffe donauaufwärts ziehen.

Von den insgesamt 1.200 Verurteilten starben 740 an Unterernährung und körperlicher Überanstrengung.

SPARSARG Á LA JOSEPH

Um Geld zu sparen, reformierte Joseph II. nicht nur Klöster und sämtliche öffentliche Institutionen, sondern auch das Bestattungswesen. Anstatt herkömmlicher Särge kamen nun Exemplare mit klappbarem Boden zum Einsatz, sodass die Toten ohne Sarg zur letzten Ruhe fanden. Die Sparvariante scheiterte am Widerstand der Bevölkerung.

WIENER SCHLUSS

Kaiser Joseph II. ordnete per Dekret an, dass Theaterstücke keine traurigen Inhalte haben dürften, um die Zuschauer nicht in schlechte Stimmung zu versetzen. Viele Klassiker mussten deswegen geändert und mit einem so genannten „Wiener Schluss", also einem Happy End, versehen werden. Sogar Hamlet, Romeo und Julia überlebten ihre Stücke!

KAISER, THEATER UND MUSIK
Joseph II. sah im Theaterwesen ein Instrument der Aufklärung und förderte es engagiert. Auf sein Betreiben komponierte Wolfgang Amadeus Mozart auch die erste deutschsprachige Oper: „Die Entführung aus dem Serail" wurde am 16. Juli 1782 im Burgtheater uraufgeführt.

„DER POLDL HAT AN BUAM!"

soll Maria Theresia lautstark von ihrer Loge im Burgtheater verkündet haben, nachdem

Kaiser Franz II/I

sie erfahren hatte, dass ihr Enkel Franz (der spätere Kaiser Franz II./I.) in Florenz zur Welt gekommen war. Mit dem „Poldl" meinte sie natürlich ihren Sohn Leopold.

„FRANZ HEISST DIE KANAILLE"

Dieser Satz aus Friedrich Schillers „Die Räuber" war den kaiserlichen Zensoren zur Zeit der Regentschaft Franz II./I. sehr suspekt. Sie strichen ihn. Sehr zur Belustigung des Kaisers, der sich über die „Blödheit" der Zensoren mokierte.

FRANZÖSISCHE KIPFERL

Marie Antoinette (1755-1793), Gemahlin des französischen Königs Ludwig XVI. und jüngste Tochter Maria Theresias, brachte das halbmondförmige Kipferl nach Frankreich.

So richtig berühmt wurde das „croissant de lune" aber erst im 19. Jahrhundert durch den Wiener Bäckermeister August Zang, der sich in Paris niederließ und die Gastronomie der Grande Nation nachhaltig prägte.

VIEL VERFILMT

SCHAUSPIELERINNEN
Die Rolle der Marie Antoinette wurde abgesehen von Kirsten Dunst unter anderem auch schon von Liselotte Pulver, Christina Böhm, Ursula Andress, Jane Seymour und Diane Kruger gespielt.

Das Leben und Sterben Marie Antoinettes zählt zu den Lieblingsthemen von Regisseuren. In mehr als 90 (!) Filmen und Serien kommt sie als Protagonistin vor. Der erste Film wurde schon 1903 gedreht und trägt den Titel „Marie Antoinette". Auch der 2006 erschienene Kinoknaller mit Kirsten Dunst in der Hauptrolle heißt „Marie Antoinette".

GLORIETTE

AUS ALT MACH NEU
Die Gloriette stand nicht immer an ihrem heutigen Platz. Ein ähnliches Bauwerk befand sich ursprünglich auf dem Gelände des Schlosses Neugebäude im 11. Bezirk. Maria Theresia war es, die die alte Gloriette 1775 abtragen und nach geänderten Bauplänen wieder aufbauen ließ.

Die Gloriette im Schlosspark Schönbrunn wurde aus weißem Kaiserstein auf dem Schönbrunner Berg erbaut und ist mit einer Länge von über 135 Metern die weltweit größte aller Glorietten.

EIN MENSCH ALS AUSSTELLUNGSOBJEKT

Eine der größten Geschmacklosigkeiten des forschungsaffinen 19. Jahrhundert stellte das Naturhistorische Museum Wien auf Ansinnen Kaiser Franz II./ I. aus: Einen präparierten Menschen.

Naturhistorisches Museum

Der Afrikaner Angelo Soliman hatte sich an mehreren europäischen Höfen als Kammerdiener und Gesellschafter verdient gemacht. Auch in Wien genoss er großes Ansehen. Dem Fürsten Johann Georg Christian von Lobkowitz rettete er während einer Schlacht das Leben, Kaiser Joseph II. schätzte ihn als intellektuellen Gesprächspartner. Soliman war auch Mitglied einer Freimaurerloge.

SOLIMAN DER ELEFANT
Am 6. März 1552 traf Soliman in Wien ein. Er war ein Geschenk Johannas von Spanien, der Tochter von Kaiser Karl V. und Isabella von Portugal, an den späteren Kaiser Maximilian II. und er war der erste Elefant in Wien. Nach seinem Tod fertigte man aus seinen Knochen einen Stuhl, der sich heute im Besitz des Stifts Kremsmünster befindet, und diverse Kleinmöbel wie Stock- und Schirmhalter.

Seine Haut wurde präpariert, und der ausgestopfte Soliman landete schließlich im Bayerischen Nationalmuseum, wo er später in einem feuchten Keller verschimmelte.

Dass er nach seinem Tod als „Wilder" mit Perlenkette und Federschmuck für Schaulustige ausgestellt wurde, ist daher mehr als unpassend - doch leider entsprach es dem Zeitgeist.

KAISERIN VON BRASILIEN

DOM PEDRO
Pedro de Alcântara
Francisco António João
Carlos Xavier de Paula
Miguel Rafael Joaquim
José Gonzaga Pascoal
Cipriano Serafim de
Bragança e Bourbon war
als Peter I. Kaiser von
Brasilien und als Peter IV.
König von Portugal.

Maria Leopoldine von Österreich (1797-1826) war die Tochter von Kaiser Franz II./I. (Kaiser Franz II. letzter Kaiser des Heiligen Römischen Reiches). Durch ihre Ehe mit dem portugiesischen Kronprinzen Dom Pedro (Peter I.) wurde sie zur Kaiserin von Brasilien.

Leopoldine steuerte als weit gebildetere Hälfte der Eheleute einen Großteil der Regierungsgeschäfte und holte sich Naturwissenschaftler an den Hof, mit denen sie gerne über Botanik fachsimpelte.

Glücklich wurde sie dennoch nicht: Ihr gewalttätiger Gatte demütigte sie mit seinen Geliebten und schlug die schwangere Maria Leopoldine so heftig in den Bauch, dass sie eine Fehlgeburt erlitt und kurz darauf starb.

„ZWETSCHGENRUMMEL"

Der Bayrische Erbfolgekrieg zwischen Österreich unter Joseph II. und Preußen in den Jahren 1778-1779, auch unter den Namen „Zwetschgenrummel" oder „Kartoffelkrieg" bekannt, ist einer der wenigen Kriege in der Geschichte, bei dem es zu keinen nennenswerten Kampfhandlungen kam.

Da logistische Engpässe beiden Seiten das Leben schwer machten, beschränkte man sich darauf, sich gegenseitig Lebensmittelvorräte zu beschlagnahmen.

Der Krieg dauerte kaum ein Jahr. Im Frieden von Teschen wurde schlussendlich beschlossen, dass Österreich zwar auf Bayern verzichten musste, jedoch das Innviertel dazubekam.

SCHWARZE KAMMERN

Was die NSA heute kann, konnten die Habsburger schon lange.

SPIONE
Bereits im 18. Jahrhundert musste man in Wien einen Meldezettel ausfüllen. Diese Maßnahme wurde getroffen, um Spione leichter identifizieren zu können.

Im 17. Jahrhundert entstanden in vielen Ländern sogenannte „Schwarze Kammern". Dort wurden verschlüsselte Botschaften abgefangen, kopiert und entschlüsselt. Der ursprüngliche Brief wurde ganz unauffällig an den Empfänger weitergeleitet.

Die Geheime Kabinettskanzlei in Wien war wohl die beste aller Schwarzen Kammern. Sie arbeitete nicht nur im Interesse Österreichs, sondern trieb auch einen schwunghaften Handel mit geheimen Informationen.

VIER FRAUEN UND EIN KAISER

Kaiser Franz II./I. war vier mal verheiratet, und zwar mit:

- Elisabeth Wilhemina von Württemberg (1767-1790) starb bei der Geburt ihres ersten Kindes, das nur 16 Monate lebte.
- Maria Theresa von Neapel-Sizilien (1772-1807) brachte in 17 Ehejahren mit Franz 12 Kinder zur Welt, von denen nur zwei Söhne und fünf Töchter das Erwachsenenalter erreichten.

Sie starb bei der Geburt des letzten Kindes.
- Maria Ludovika Beatrix von Modena (1787–1816) war mit Goethe befreundet, sie starb kinderlos an Tuberkulose.
- Karoline Auguste von Bayern (1792–1873) überlebte Franz als einzige, sie wurde 81 Jahre alt.

Der Kaiser mochte alle seine Frauen, und sie ihn.

ZUM FEIND INS BETT

Dass Napoleon Bonaparte sein Erzfeind war, hinderte Kaiser Franz I. von Österreich nicht daran, ihm seine 18-jährige Tochter Marie-Louise zur Frau zu geben.

Nur kurz zuvor hatten die beiden Herrscher sich in der Schlacht von Aspern (1809) gegenübergestanden. In der Völkerschlacht von Leipzig (1813) zog Franz erneut gegen seinen Schwiegersohn ins Feld.

GÜTINAND DER FERTIGE

Kaiser Ferdinand I., auch bekannt als

„der Gütige" regierte 13 Jahre lang als Marionette seiner Berater und bekam aufgrund seiner körperlichen und geistigen Konstitution - er war Epileptiker und immer etwas langsam - den Beinamen „Gütinand der Fertige".

Ferdinand musste schließlich zugunsten seines Neffen Franz Joseph als Kaiser abdanken. Nachdem dieser 1866 bei Königgrätz die Schlacht gegen Preußen verloren hatte, soll der sonst unpolitische Ferdinand angemerkt haben: „Das hätt' ich auch noch zambracht."

SCHÖNBRUNNER GELB

WEITGEREISTER TREND
Dass der Schönbrunner-Gelb-Hype sogar in Brasilien seine Spuren hinterließ, ist auf die expansive Heiratspolitik der Habsburger zurückzuführen. So wurde die Erzherzogin Maria Leopoldine kurzerhand mit dem portugiesischen Kronprinzen Dom Pedro vermählt und war 1822 Kaiserin von Brasilien – daher auch das Schönbrunner Gelb in der brasilianischen Flagge.

Nach einigen anfänglichen Farbirrungen und -wirrungen (eine Zeit lang war das Schloss sogar rosa) erstrahlt Schönbrunn seit 1819 in einem erdigen ockergelb. Im Klassizismus war das Schönbrunner Gelb eine regelrechte In-Farbe. Sämtliche Amtsgebäude in der ganzen Monarchie, von Österreich über Ungarn bis Moldawien, wurden Gelb gestrichen. Noch heute kennzeichnet die Farbe zahlreiche spätbarocke Bauwerke.

Der Himmel voller Geigen, die Straßen voller Arschgeigen – so kennt man Wien

In dieser einmaligen Cartoon-Sammlung lernen Sie die Stadt nun aber auch von ihrer unbekannten Seite kennen und erfahren endlich alles über kaiserliche Fürze, das bei Touristen so beliebte Hundertwasserbordell, die Sacher-Masoch-Torte und vieles mehr.

Eben alles über den Glanz und das Elend einer Weltstadt, die sich im Walzertakt dreht, bis sie speibt.

Mit komischen Bildern von Andreas Prüstel, Ari Plikat, Bernd Ertl, Bruno Haberzettl, Clemens Haipl, Daniel Jokesch, Gerald Mayerhofer, La Razzia, Miriam Wurster, Oliver Ottitsch, Rudi Hurzlmeier und vielen anderen.

Clemens Ettenauer (Hg.): Cartoons über Wien

64 Seiten • ISBN 978-3-902980-02-1 • € 10,00

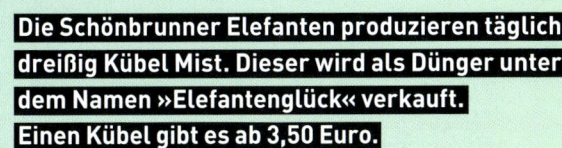

Die Schönbrunner Elefanten produzieren täglich dreißig Kübel Mist. Dieser wird als Dünger unter dem Namen »Elefantenglück« verkauft. Einen Kübel gibt es ab 3,50 Euro.

Weil **Stadtbekannt.at** der Überzeugung ist, dass man gar nicht genug über Wien wissen kann, auch wenn man vieles nicht wissen muss, hat es etwas sehr Nützliches getan und das Beste aus seiner Rubrik »Unnützes WienWissen« in Buchform herausgebracht.

Stadtbekannt.at
Unnützes WienWissen

128 Seiten • ISBN 978-3-9503508-5-2 • € 9,99

VON UMBRUCH BIS ZUM UNTERGANG

Die Revolution von 1848 hat vor allem in Wien alles auf den Kopf gestellt. Der gealterte Metternich flieht ins Ausland, und sogar Kaiser Ferdinand I. muss schließlich flüchten und abdanken.

Nachdem es den kaiserlichen Truppen gelingt, Wien zurückzuerobern, besteigt Ferdinands erst 18-jähriger Neffe, Franz Joseph I., den Thron. 1854 heiratet er die junge, hübsche Elisabeth von Bayern, die als Kaiserin Sisi in die Geschichte eingehen wird.

Franz Joseph herrscht zentralistisch und führt bald Krieg. Die Gegner: Preußen, das wie Österreich die Vorherrschaft im deutschsprachigen Raum anstrebt, und Italien, das unabhängig werden will. Trotz einzelner gewonnener Schlachten verliert Österreich letztlich. Die Schlacht bei Königgrätz gegen die Preußen 1866 endet im Desaster, Italien wird 1870 unabhängig.

In der Umbruchstimmung der Jahrhundertwende blüht in Wien die Kultur: Es ist die Zeit der Kaffeehausliteraten, der Jugendstil-Architektur. In Salons wird politisiert, Redakteure diverser Couleurs schreiben für Veränderung. Derweil bleibt jedoch bei Hof alles beim Alten: Kaiserfamilie und Erzherzöge gehen wie gehabt ihren Pflichten nach und frönen ihren Leidenschaften. Man bewahrt Haltung.

Außenpolitisch ist die Lage weniger ruhig. Der Vielvölkerstaat droht zu zerfallen, während der Kaiser versucht, seine Position am Balkan notfalls mit Gewalt zu halten. Die nationalen Konflikte schaukeln sich auf, Medien und Öffentlichkeit lechzen regelrecht nach Krieg.

Als 1914 der Thronfolger Franz Ferdinand und seine Frau in Sarajevo einem Attentat zum Opfer fallen, sieht man den Anlass gekommen. Der Erste Weltkrieg bricht aus und überzieht Europa mit Verwüstung und Leid. Mit dem Kriegsende 1918 und dem Rücktritt des letzten Kaisers Karl I. zerfällt die Herrschaft der Habsburger in Österreich.

Franz Joseph I.

HEILIGES WASSER

Erzherzog Karl Ludwig von Österreich, Bruder des späteren Kaisers Franz Joseph I., war eine fromme Seele. Sein Klerikalismus ging so weit, dass er von seinem Wagen aus Passanten zu „segnen" pflegte.

Auf einer Pilgerreise ins Heilige Land

DER ERZHERZOG ALS GREISSLER

Als Bürgerlichem blieb dem ehemaligen Erzherzog der Geldhahn der Familie Habsburg zugedreht. Er musste arbeiten, um sich seinen Lebensunterhalt zu verdienen.
In den 20er Jahren führte er in einem Kaisermühlner Gemeindebau eine Greißlerei, wo er für die Kundschaft Wurst aufschnitt.

wurde ihm seine Frömmigkeit zum Verhängnis: Er trank verseuchtes Jordanwasser und starb kurz darauf an einer Infektion.

HALLODRI VOM DIENST

Erzherzog Leopold Ferdinand von Österreich-Toskana (1868-1935) liebte die Frauen der Nacht. Seine Affären sorgten für Skandale: So schmuggelte Leopold etwa eine Geliebte als Matrose verkleidet auf ein Schiff des Thronfolgers Franz Ferdinand, zeugte mehrere uneheliche Kinder und heiratete zwei mal in Folge gewerbliche Damen.

Der Kaiser war nicht erfreut. Erst als der umtriebige Erzherzog seinem adeligen Rang abschwor und als gewöhnlicher Bürger namens „Leopold Wölfling" ein neues Leben begann, war Franz Joseph besänftigt.

GORILLA

„Gorilla" hieß das geliebte Haustier des jungen habsburgisch-toskanischen

Erzherzogs Ludwig Salvator (1847-1915), der sich später als Weltreisender und Naturforscher einen Namen machte.

Eigenartigerweise war „Gorilla" ein Schimpanse.

ANPASSUNGSFÄHIG

Wann immer Kaiser Franz Joseph I. hohen Besuch aus fremden Ländern bekam, wählte er seine Uniform den lokalen Gebräuchen des Gastes gemäß.

Am häufigsten jedoch sah man den Kaiser in der blauen Campagne-Uniform oder der weißen Gala-Uniform eines österreichischen Feldmarschalls.

VARIANTENREICH
Die blaue Campagne-Uniform gab es sowohl in „deutscher" als auch in „ungarischer" Adjustierung - je nachdem, in welcher Reichshälfte sich der Kaiser aufhielt, zog er die passende Variante an.

JAGDKAISER

Die Freizeit verbrachte Kaiser Franz Joseph I. oft auf der Jagd. Er soll in seiner Lebenszeit ungefähr 55.000 Stück Wild erlegt haben.

Noch deutlich wilder trieb es allerdings sein Neffe, der Thronfolger Franz

Ferdinand: Unglaubliche 274.889 Wildtiere fielen laut Aufzeichnungen seiner Schießwut zum Opfer. Im Jahr 1908 erschoss er an einem einzigen Sommertag 2.763 Möwen.

ARRANGIERTE LIAISON

Kaiser Franz Joseph I. pflegte eine innige, nach außen hin rein freundschaftliche Beziehung zu der Burgschauspielerin Katharina Schratt. Miteinander bekannt gemacht hatte die beiden ausgerechnet

Kaiserin Elisabeth

Ludwig von Benede
Foto: Ludwig Anger

Franz Josephs Gattin Elisabeth.

Elisabeth hieß die Beziehung ausdrücklich gut, weil ihr Mann dann nicht so einsam war, wenn sie gerade in der Welt herumreiste. Sie verstand sich auch privat mit Frau Schratt.

DIE HOHE SCHRATT

Die innige Verbindung Kaiser Franz Josephs mit Katharina Schratt war auch in seinem Lieblings-Kurort Bad Ischl wohlbekannt.

Weshalb das Ischler Wochenblatt anlässlich eines kaiserlichen Ausflugs auf den Berg Hohe Schrott so ganz unabsichtlich schrieb: „Seine Majestät bestieg gestern in bester Verfassung die Hohe Schratt."

BENEDEK, DER TROTTEL

Nach der verlorenen Schlacht bei Königgrätz gegen die Preußen (1866) urteilte der Kaiser über seinen glücklosen Feldherren Ludwig von Benedek: „Benedek, der Trottel".

Der bisher hoch angesehene Benedek wurde als unehrenhaft entlassen. Heute bezweifeln viele Historiker, dass andere Feldherren mit den Benedek zur Verfügung stehenden Mitteln mehr Erfolg gehabt hätten.

DER FRÜHE VOGEL…

Um seinen zahlreichen Amtsgeschäften beizukommen, verließ Franz Joseph schon um etwa 3:30 Uhr morgens das kaiserliche Bett. Nur wenn Abendveranstaltungen oder Feste ihn etwas länger wachhielten, gönnte er sich ein Stündchen mehr.

DER MÖRDER IST IMMER DER SCHNEIDER

Kaiser Franz Joseph machte gerade einen Spaziergang, als von hinten ein Mann mit gezücktem Messer auf ihn zustürzte. Im letzten Moment vereitelten ein kaiserlicher Adjutant und ein Fleischermeister die Tat.

Der erfolglose Attentäter war Johann Libeny, ein Schneidergeselle. Er wurde auf der Simmeringer Haide gehängt,

wovon ein Wienerlied zynisch berichtet:
„Es g'schicht ihm schon recht, warum
sticht er so schlecht".

DIE GROSSE DANKBARKEIT

Anlässlich der Rettung des Kaisers vor
dem Messer-Attentäter wurde die Wiener
Votivkirche erbaut. Johann Strauss (Sohn)
komponierte den „Kaiser-Franz-Joseph-I.-
Rettungs-Jubelmarsch", die beiden Retter
erhielten Denkmäler am Heldenberg.

EINFACH DURCHGEBRANNT

Erzherzogin Luise von Österreich-
Toskana (1870-1947), die Schwester
von Erzherzog Leopold Salvator, füllte
europaweit die Klatschspalten, als
sie schwanger mit dem 6. Kind der
Ehe mit Kronprinz Friedrich August
III. von Sachsen entfloh und einfach
durchbrannte - mit André Giron, dem
Sprachlehrer ihrer Kinder.

U-BOOTE DER K.U.K.-MARINE

Die k.u.k.-Marine verfügte einst über

die sechstgrößte Flotte der Welt. Sie besaß unter anderem auch 27 S.M. Unterseeboote, wobei S.M. für „Seine Majestät" steht.

Im Ersten Weltkrieg kamen die U-Boote vorwiegend gegen Italien und Frankreich zum Einsatz. Die meisten U-Boote wurden nach Kriegsende auf italienischem Gebiet abgewrackt, einige wurden in Seeschlachten versenkt.

FRANZ-JOSEPH-LAND

Im Jahr 1872 entdeckte die Österreichisch-Ungarische Nordpolarexpedition unter der Leitung von Carl Weyprecht und Julius Peyer eine Inselgruppe im nördlichen Eismeer, die sie „Franz-Joseph-Land" nannte.

Einzelne Inseln tragen klingende Namen: So gibt es eine „Rudolf-Insel", benannt nach dem Kronprinzen, eine „Hohenlohe-Insel", eine „Wiener-Neustadt-Insel" sowie eine „Wilczek-Insel", die Johann Nepomuk Graf Wilczek, dem Förderer der Expedition, gewidmet war.

PÄDAGOGISCH WENIG WERTVOLL

Um aus dem Jungen einen tüchtigen Offizier und folgsamen Sohn zu machen, wurde Kronprinz Rudolf, der einzige Sohn von Franz Joseph I. und Elisabeth, schon mit sechs Jahren strengster militärischer Erziehung unterworfen: Neben Wecken durch Pistolenschüsse stand auch Exerzieren bei Kälte und Nässe sowie nächtliches Aussetzen im Lainzer Tiergarten auf dem zweifelhaften pädagogischen Programm. Zuneigung gab es kaum.

Diese Erziehung bekam dem sensiblen, intellektuell begabten Kind nicht. Rudolf litt bald unter Depressionen und beging schließlich Selbstmord.

Kronprinz Rudolf
Foto: Ludwig Angerer

FREIWILLIG ENTADELT

Erzherzog Johann Salvator von Österreich-Toskana, ein Spross der toskanischen Habsburger, war ein kritischer Querdenker - auch in seiner Funktion als Offizier. Das störte Kaiser Franz Joseph, der sich unbedingten Gehorsam erwartete.

Angewidert von den Zwängen und Zwistigkeiten bei Hof ließ sich Johann freiwillig aus dem Haus Habsburg entlassen. Er heiratete seine bisher vom Hof verschmähte Geliebte Ludmilla Stubel, begann ein bürgerliches Leben und verzichtete so auf viel Geld.

Sein Statement dazu:
„Ich bin zu stolz, um einen fürstlichen Müßiggänger abzugeben. Ich will nicht das Geld des Volkes verfressen wie andere!"

KRANK KREATIV...

… waren zahlreiche Journalisten und „G'schichtldrucker", wenn es darum ging, den Tod des Kronprinzen Rudolf und Mary Vetsera zu erklären. Eine offizielle Version existierte schließlich nicht - das Kaiserhaus hatte volle Verschleierungsarbeit geleistet.

Die vielleicht wüsteste Spekulation stammt aus der Feder des späteren faschistischen Staatsoberhauptes Benito Mussolini in seiner Zeit als Journalist. Sie besagt, Mary hätte Rudolf bei einem Sexspiel den Penis abgeschnitten, und dieser hätte sie anschließend erschossen.

Die Version kann durchaus als antimonarchistische Propaganda gewertet werden.

MAKABERE KUTSCHENFAHRT

Um zu vertuschen, dass Rudolf vor seinem Selbstmord seine Geliebte Mary Vetsera erschossen hatte, musste diese möglichst schnell unter die Erde. Mary wurde angekleidet, in eine Kutsche gesetzt und in einer Nacht-und-Nebel-Aktion nach Heiligenkreuz gefahren, wo sie dann begraben wurde.

Damit die Tote auf der Fahrt nicht ständig umfiel, steckte man einen Stock in ihr Kleid.

GERAUBTE GEBEINE

Die Gebeine der jungen Baronesse Mary Vetsera, die 1889 mit Kronprinz Rudolf in Mayerling den Freitod wählte, wurden zwei mal geraubt. 1945 wurde ihr Grab von sowjetischen Soldaten geplündert, 1992 „entführte" der Linzer Möbelhändler Helmut Flatzelsteiner die Knochen. Das Motiv: forensisches Interesse.

Todesursache war übrigens, wie zu erwarten, ein Kopfschuss. Allen Hinweisen zufolge muss Rudolf den Abzug der Waffe betätigt haben. Die Kugel trat links ein, Mary war Rechtshänderin.

ZWEITE WAHL

Eigentlich wollte Kronprinz Rudolf sich gemeinsam mit seiner Langzeitgeliebten Mizzi Kaspar das Leben nehmen. Diese wollte nicht und verständigte die Polizei - was jedoch nicht weiter ernst genommen

VERRÜCKTES KAISERVOLK
Als sich Kronprinz Rudolf am 30. Jänner 1889 das Leben nahm, wurde ihm kurzerhand und nach seinem Ableben geistige Verwirrung attestiert, damit er ein kirchliches Begräbnis erhalten konnte.

wurde. Mit tragischer Konsequenz, denn das junge Rudolf-Groupie Mary Vetsera fand sich rasch als freiwilliger Ersatz für Mizzi.

LUDWIG SALVATORS STYLE

So richtig wohl fühlte sich der freigeistige Ludwig Salvator von Österreich-Toskana nie am österreichischen Hof mit seiner überzogenen Etikette. Der liberal erzogene Erzherzog interessierte sich eher für die Natur und Sprachen und lebte als weltreisender Aussteiger und Forscher auf seinem Schiff „Nixe".

Berühmt-berüchtigt war der nachlässige abgewetzt-bunte Kleidungsstil des Adeligen. Es kam sogar vor, dass er mit einem Matrosen, einem Koch oder einem Landarbeiter verwechselt wurde.

SCHMIERFINKEN-PIONIER

Wer sich gerne über Graffiti-Schmierer in Wien aufregt, dem sei gesagt: Schmieren tut nicht nur die Jugend von heute. Das gab's alles schon.

Obelisk mit Inschrift KYSELAK

Und zwar in der Person von Joseph Kyselak, der es sich im frühen 19. Jahrhundert zur Aufgabe machte, sämtliche öffentliche Plätze, Denkmäler, Berge und Wände mit seinem Namen zu verzieren. Der Grund: Zunächst eine Wette, dann pure Leidenschaft.

Die markanten Schriftzüge finden sich unter anderem:
- auf zwei Obelisken im Schwarzenbergpark
- an der Burgruine Rauheneck bei Mödling
- an der Ruine Aggstein
- diverse Male in der Wienerwaldgegend

Der Legende nach war nicht einmal der Tisch des Kaisers vor ihm sicher: Franz II./I. hatte den Schmierfink zwecks Vermahnung vorgeladen. Als er gegangen war, fand man in den royalen Schreibtisch eingeritzt das Wörtchen „KYSELAK".

GRAFFITI

Kyselak gilt als „Erfinder" des Taggens bzw. der Graffiti-Kunst.

GEORG LUDWIG RITTER VON TRAPP

Georg Ludwig Ritter von Trapp wurde berühmt als Vater der singenden Trapp-Familie, deren Leben dem wohl kitschigsten Musical-Film der Welt, „The Sound of Music", zum Vorbild diente.

Dass er mit 58.581 Bruttoregistertonnen versenkter Schiffe auch der erfolgreichste U-Boot-Kommandant Österreich-Ungarns war, wissen hingegen nur wenige. Unter anderem versenkte Trapp 1915 den riesigen französischen Panzerkreuzer „Léon Gambetta".

LUDWIG VIKTOR, „LUZIWUZI"

Der jüngste Bruder Franz Josephs liebte
Musik, Kunst, Theater und schöne
Frauenkleider. So sehr, dass er gerne
selbst hineinschlüpfte.

Der offen homosexuelle Erzherzog hatte
bei Hof kein leichtes Leben. Seine Liaison

HINWEIS AM RANDE
Da er seine Homosexualität
und seinen Transvestitis-
mus öffentlich auslebte,
verbot ihm sein Bruder,
Kaiser Franz Joseph, in
Wien zu bleiben.

Ludwig Viktor, „Luziwuzi" Foto: unbekannt

mit einem Fiaker und seine Badeausflüge in Begleitung junger Offiziere sorgten regelmäßig für Skandale. Schließlich zog er sich auf sein Schloss Kleßheim zurück.

IN-LOCATION

Das Centralbad in der Wiener Weihburggasse, in das Ludwig Viktor früher gerne in männlicher Begleitung baden ging, heißt heute „Kaiserbründl" und ist eine Gay-Sauna.

GESCHICHTSTRÄCHTIGE BRÜCKE

Die Lateinerbrücke in Sarajevo, an deren Nordende Thronfolger Franz Ferdinand und seine Frau 1914 erschossen wurden, hieß nicht immer so: Zu Zeiten Jugoslawiens war sie mit „Gavrilo-Princip-Brücke" nach dem Attentäter benannt.

KAISERLICHE KLINGEL

Franz Joseph und Elisabeth hatten in der Hofburg getrennte Wohnbereiche. Wollte der Kaiser seiner Gemahlin einen Besuch abstatten, musste er erst eine

Klingel betätigen. Das Läuten war das Signal für Sisis Dienerschaft, sich aus den Räumlichkeiten zurückzuziehen.

GEBURTSTAGSGESCHENKE ZU WEIHNACHTEN

Kaum ein Kind hätte sie um diesen Geburtstag beneidet: Elisabeth, die spätere Kaiserin Sisi, erblickte am 24. Dezember 1837 das Licht der Welt.

SISI, DIE SPORTLERIN

Die Kaiserin liebte den Sport und betrieb ihn teilweise exzessiv - wohl auch, um ihre übermäßig schlanke Figur zu halten.

Als exzellente Reiterin nahm Elisabeth regelmäßig an wilden Jagden in Ungarn, England und Irland teil, was ihr den Respekt der besten Reiter Europas einbrachte. Oft unternahm sie schweißtreibende Wanderungen mit ihren fittesten Hofdamen. Zusätzlich pflegte sie täglich Morgengymnastik zu treiben, trainierte Fechten, Schwimmen und Turnen. Für letzteres Hobby ließ sich

SISI UND DIE VEILCHEN
Sisi aß mit Vorliebe Veilcheneis - beinahe täglich genoss sie die gefrorene Köstlichkeit. Sie liebte die violetten Blumen jedoch nicht nur gefroren, sondern schwor auch auf Veilchenessig als Schönheitsmittel.

Verdauungsjahre einer Kaiserin
© Daniel Jokesch (aus dem Buch
„Cartoons über Wien", Holzbaum
Verlag 2014)

Elisabeth sogar ein eigenes „Turnzimmer"
in Schönbrunn einrichten, in welchem
sich heute noch Ringe, Reck und
Sprossenwand befinden.

SISI, DIE DICHTERIN

Nachdem gesundheitliche Probleme die
Kaiserin dazu zwangen, ihre Leidenschaft
für das Reiten einzudämmen und sie
zunehmend unter Melancholie litt,
begann sie, ihre Gefühle in Gedichten

Kaiserin Elisabeth

auszudrücken. Ihr größtes Vorbild war Heinrich Heine.

SISIS SCHLANKHEITSWAHN

Kaiserin Elisabeth war stets bemüht, ihre schlanke Figur und Wespentaille zu erhalten. Dank Sport, extremen Diäten und Fastenkuren wog sie bei 1,72 m Körpergröße niemals mehr als 50 kg. Sie trank oft tagelang nur Milch, Orangen oder Fleischbrühe und führte rigoros Protokoll über ihr Gewicht.

Ihren sagenhaft schmalen Taillenumfang von nur 51 cm hielt sich Sisi durch das Tragen enger Korsetts.

KOKSENDE KAISERIN

In Kaiserin Elisabeths Reiseapotheke befindet sich ein ganz eigentümliches Heilmittel gegen Melancholie: „Cocain", sorgfältig aufbewahrt in einem kleinen Fläschchen, dazu eine kleine Spritze.

Das bedeutet aber keineswegs, dass Sisi Kokain als „Partydroge" nutzte: Gegen

Ende des 19. Jahrhunderts war Kokain
als Medikament allgegenwärtig.

HAARLICHE PRACHT

Das hüftlange Haar der Kaiserin wog etwa
2 kg und war ihr ganzer Stolz, weshalb
sie bis zu drei Stunden täglich für die
Haarpflege benötigte. Pflegemittel ihrer
Wahl: Eigelb mit Cognac.

NÜTZLICHE NEBENBE-
SCHÄFTIGUNG
Die endlosen Frisierstun-
den nutzte die Kaiserin, um
Sprachen zu lernen. Sisi
konnte Ungarisch, Alt- und
Neugriechisch.

FÄCHER-FAN

Sisi liebte Fächer. Um ihre Schönheit zu
mystifizieren und Falten sowie schlechte
Zähne zu verstecken, verbarg sie ihr
Gesicht oft hinter einem der eleganten
Accessoires.

FÄCHERSPRACHE
Im Barock und Rokoko
benutzte man eine Art
Zeichensprache mit dem
Fächer, um sich zum
Beispiel heimlich im Park
zu verabreden.

SISIS PECKERL

Sisi ließ sich auf einer ihrer vielen Reisen
einen Anker auf die Schulter tätowieren.

SISIS TEURER HUT

Sisis Reithut, eigentlich auf einen Wert
zwischen 2.000 - 3.000 Euro geschätzt,

wurde Ende April 2014 bei einer Auktion des Dorotheums um sagenhafte 134.500 Euro versteigert.

STILLES ÖRTCHEN

Ein ganz besonderes Klosett ließ sich Sisi in ihren Gemächern in der Hofburg einrichten: Es hat die Form eines Delphins.

SISIS TOD (1898)

Gemeinsam mit einer Hofdame wollte Kaiserin Elisabeth gerade ein Linienschiff von Genf nach Montreux besteigen, als ihr der anarchistische Attentäter Luigi Lucheni eine dünne Feile in die Brust stieß.

Da die Feile ihr Herz jedoch nur punktiert hatte und die Kaiserin ein enges Korsett trug, fiel die kleine, fatale Verletzung zunächst nicht auf, und Elisabeth spekulierte, der Mann hätte ihr die Uhr stehlen wollen. Erst an Bord des Schiffes brach sie sterbend zusammen.

SISIS MÖRDER

Luigi Lucheni war ursprünglich nach
Genf gekommen, um den französischen
Prinzen Henri von Orléans zu töten. Als
dieser überraschend nicht anreiste,
suchte er sich eben ein anderes
prominentes Opfer - Kaiserin Elisabeth.

VIELE TITEL

Kaiser Franz Josephs „Großer Titel" (ab
1869) lautete folgendermaßen:

Seine Kaiserliche und Königliche
Apostolische Majestät
N.N.
von Gottes Gnaden Kaiser von
Österreich,
König von Ungarn und Böhmen, von
Dalmatien, Kroatien, Slawonien, Galizien,
Lodomerien und Illyrien,
König von Jerusalem etc.,
Erzherzog von Österreich,
Großherzog von Toskana und Krakau,
Herzog von Lothringen, von Salzburg, von
Steyer, Kärnten, Krain und der Bukowina;
Großfürst von Siebenbürgen, Markgraf

von Mähren;
Herzog von Ober- und Niederschlesien,
von Modena, Parma, Piacenza und
Guastalla, von Auschwitz und Zator, von
Teschen, Friaul, Ragusa und Zara;
Gefürsteter Graf von Habsburg und Tirol,
von Kyburg, Görz und Gradisca;
Fürst von Trient und Brixen;
Markgraf von Ober- und Niederlausitz und
in Istrien,
Graf von Hohenems, Feldkirch, Bregenz,
Sonnenberg etc.;
Herr von Triest, von Cattaro und auf der
Windischen Mark;
Großwojwode von der Wojwodschaft
Serbien
etc.,etc.

Nachdem einige der genannten Titel
durch politische Umbrüche ihre reale
Bedeutung verloren, blieben sie als
sogenannte Anspruchstitel bestehen.

TAFELFREUDEN

Wenn Kaiser Franz Joseph und seine
Gäste speisten, brauchte es eine ganze
Menge Geschirr. Zwischen 9 und 13

Gänge wurden serviert, zu jedem der jeweils passende Wein.

Wer sich nun wundert, wie die Leber des Kaisers eine solche Ernährung vertrug: Die Weingläser waren um einiges kleiner als die heute gebräuchlichen.

RAUS IM RÜCKWÄRTSGANG

Da es als unhöflich galt, dem Kaiser den Rücken zuzuwenden, mussten Franz Josephs Audienzgäste in der Hofburg rückwärts gehend den Raum verlassen.

HAUS OHNE AUGENBRAUEN

Am Michaelerplatz 3 im 1. Wiener Gemeindebezirk steht das Looshaus - ein Klassiker der Wiener Moderne. Wegen der fehlenden Fensterverdachungen nannten es die Wiener auch „Haus ohne Augenbrauen".

AUFGEHÜBSCHT
Das „nackerte" Looshaus spaltete in Wien die Geister. Aus diesem Grund mussten nachträglich längliche Blumenkistchen unterhalb der Fenster angebracht werden.

Nun war aber Franz Joseph I. nicht unbedingt ein Liebhaber moderner Architektur. Das Looshaus verabscheute er angeblich so sehr, dass er die Ausfahrt am Michaelerplatz tunlichst mied und sogar jene Fenster der Hofburg vernageln ließ, durch die das Looshaus zu sehen war.

ERSTES KFZ-KENNZEICHEN WIENS

Erzherzog Eugen von Österreich, wohnhaft im 1. Bezirk, Parkring 8, erhielt 1906 das erste offizielle Wiener KFZ-Kennzeichen mit der Registriernummer A 1. Sein Fahrer, Gottlieb Wiederkehr, bekam die Fahrlizenz Nr. 1.

TÖDLICHE ZIGARETTE

Mathilde von Österreich-Teschen (1849-1867) war von ihrem Vater das Rauchen verboten worden. Als sie ihre Zigarette nach einem Theaterbesuch hinter dem Rücken verstecken wollte, fing ihr bauschiges, mit Glycerin imprägniertes Kleid Feuer. Die 18-jährige erlitt Verbrennungen dritten Grades und starb nach zwei qualvollen Wochen.

Hotel Sacher

WAS MACHT EIN NACKERTER IM HOTEL SACHER?

Otto, der schöne Erzherzog und umtriebige Bruder des Thronfolgers Franz Ferdinand, sorgte regelmäßig für Skandale. So etwa, als er von seinen Freunden während eines Trinkgelages im Hotel Sacher aus seinem Appartement ausgesperrt wurde und sich allein am Gang wiederfand - splitternackt, bekleidet nur mit einem Säbel, dem

KAISERLICHE STRAFE
Otto bekam gehörig Ärger und wurde vom Kaiser zur Strafe auf Klosterurlaub geschickt.
Die Mönche schauten nicht schlecht, als nach zwei Monaten beträchtliche Mengen Wein aus dem Keller fehlten…

Orden vom Goldenen Vlies und weißen Handschuhen.

Dummerweise blieb die Eskapade nicht unbemerkt, denn der britische Botschafter und seine Gattin kamen gerade vorbei. Die Dame fiel beim Anblick des entblätterten Schönen Otto gar in Ohnmacht.

DIE ROTE ERZHERZOGIN

GUTE FREUNDE
Elisabeth kannte den späteren Kanzler Bruno Kreisky seit 1927 und war zeit ihres Lebens mit ihm befreundet. Als sie bereits alt und krank war, besuchte er sie auch öfters in ihrer Villa.

Die ehemalige Erzherzogin Elisabeth Marie von Österreich, einziges Kind von Kronprinz Rudolf und Stephanie von Belgien, sorgte in den frühen 20er Jahren für Wirbel: Ihr Herzblatt Leopold Petznek war ein Sozialdemokrat! 1925 trat sie außerdem der Partei bei, engagierte sich für Frauenrechte, spendete Lebensmittel und ließ Arbeiterkinder in ihrem großen Garten spielen.

ALLERLEI RUND UM DIE HABSBURGER

KURIOSES UM DAS HERRSCHERHAUS

Das Haus Habsburg ist eine alte Familie. Viele Jahrhunderte lang hat die Dynastie Könige und Kaiser in die Weltgeschichte geschickt und in Europa und weltweit wichtige Fäden gezogen.

Aber natürlich ist der Wandel der Zeit auch an den Habsburgern nicht vorübergegangen. Seien es nun Kunstschätze, Bauwerke, Gesetze oder auch alltägliche Gebräuche - nicht alles ist gleich geblieben. Neue Verwendungen für alte Dinge, neue Ideen, neue

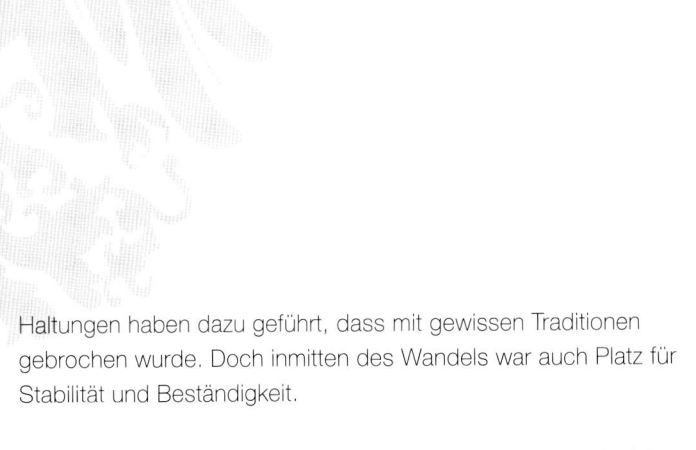

Haltungen haben dazu geführt, dass mit gewissen Traditionen gebrochen wurde. Doch inmitten des Wandels war auch Platz für Stabilität und Beständigkeit.

Dieses Kapitel soll Licht auf sowohl Wandel als auch Kontinuität und Tradition im Haus Habsburg werfen. Und zu guter Letzt einen Sprung ins Heute wagen ...

Kapuzinergruft

HABSBURGER INNEREIEN

Zur Begräbniszeremonie der Habsburger
gehörte es, Herz, Eingeweide und
Körper getrennt zu bestatten. Zunächst
wurde das Herz entnommen, um in
der Herzgruft der Loretokapelle in der

Neugierige können die makaberen Relikte hier besichtigen:

Augustinerkirche
Augustinerstraße 3
1010 Wien

Stephansdom
Stephansplatz 1
1010 Wien

Kapuzinerkirche
Tegetthoffstraße 2
1010 Wien

Wiener Augustinerkirche in becherartigen silbernen Herzurnen beigesetzt zu werden. Die Körper wurden gesondert in der Kapuzinergruft bestattet, die Eingeweide fanden in der Herzogsgruft des Stephansdomes ihre letzte Ruhestätte.

Die Praxis der getrennten Bestattung kommt eigentlich aus dem Orient und war vom Mittelalter bis in die Neuzeit hinein bei hochrangigen Verstorbenen auch in Europa weit verbreitet.

DIE ADELSPROBE

Wer in das Haus Habsburg einheiraten wollte, musste zuvor die „Adelsprobe" oder „Ahnenprobe" bestehen. Das bedeutet, alle 16 Ururgroßeltern - also vier Generationen zurück - hatten Adelige zu sein.

Häufig kam es jedoch vor, dass zwar alle Ururgroßeltern adelig waren, aber weniger als 16 Personen ausmachten. Der Grund: Die Vorfahren waren alle schon untereinander verwandt. Ahnenschwund aufgrund von Inzucht innerhalb der größten Herrscherhäuser führte immer wieder zu vererbten Krankheiten oder Behinderungen.

HABSBURGER HANDWERKER

Gemäß des Gesetzes des Hauses Habsburg musste jeder Erzherzog und jede Erzherzogin ein Handwerk erlernen. So übte sich Kaiser Franz II./I. als Gärtner. Sein Enkel Franz Joseph I. erlernte Buchbinderei und machte eine militärische Ausbildung. Franz Josephs Tochter Marie Valerie war Bühnenmalerin. Erzherzog Ludwig Salvator betätigte sich als Kapitän und Naturforscher und schrieb sogar mehrere wissenschaftliche Bücher.

KAISERLICHE FALTUNG

Ausschließlich bei Tafeln am Wiener Hof mit Teilnahme des Kaisers kam die sogenannte „Kaiserfaltung" für Servietten zur Anwendung. In jeder Wölbung der Serviette befindet sich ein kleines Kaisersemmerl oder ein Salzstangerl. Bis heute ist die kunstvolle Faltung ein wohlgehütetes Geheimnis, das nur zwei Personen kennen. Bei Staatsbesuchen gekrönter Häupter und Präsidenten ist sie nach wie vor das Highlight des Tafelgedecks.

BRUNNEN-FAIL

Erst nach Fertigstellung der Wasserbecken und Springbrunnen im Schlossgarten Schönbrunn stellte sich heraus, dass der Wasserbedarf der Bassins und der Brunnen nicht gedeckt werden konnte. So wurden zwölf bereits gegrabene Brunnenbecken einfach wieder zugeschüttet.

MANDARINEN, ZITRONEN UND POMERANZEN

Zitruspflanzen
Die Habsburger importierten die ersten Zitruspflanzen aus Italien.

Die wertvolle Sammlung von Zitruspflanzen der Österreichischen Bundesgärten besteht aus etwa 400 Pflanzen. Die Sammlung enthält auch viele historische Sorten, darunter bis zu 180 Jahre alte Exemplare.

Ein Teil der exquisiten Sammlung

Zitruspflanze

ist während der Sommermonate
im Kronprinzengarten von Schloss
Schönbrunn zu besichtigen. Zitruspflanzen
werden im Schlossgarten bereits seit
1647 gezüchtet.

KAISER-KARL-GEBETSLIGA

Kaiser Karl I. hat posthum Wunder bewirkt und gar eine alte Frau von ihren quälenden Schmerzen im Bein erlöst. Zumindest glauben das die Monarchisten und überaus frommen Katholiken der „Kaiser-Karl-Gebetsliga für den Völkerfrieden".

Die Bemühungen der Liga trugen Früchte: Im Jahr 2004 wurde der umstrittene letzte Kaiser durch Papst Johannes Paul II. selig gesprochen.

TONNENSCHWERER SCHATZ

Dieser Schatz ließe so manchen goldgierigen Drachen vor Neid erblassen: In der Hofsilberkammer der Wiener Hofburg findet sich ein Gedeck der Superlative. Das edle französische Set „Grand Vermeil" aus feuervergoldetem Silber besteht aus 4500 Einzelstücken und wiegt über eine Tonne.

Der Habsburger Kaiser Franz II./I. erwarb es nach den Napoleonischen Kriegen.

SCHLOSSHOTEL ORTH

Das idyllische Schloss im Traunsee war einst im Besitz von Erzherzog Johann Salvator, einem toskanischen Habsburger. Nachdem dieser seine Adelstitel freiwillig zurücklegte, nannte er sich Johann Orth - nach seinem heimatlichen Schloss.

Heute kennt man das Schloss vor allem als Kulisse der TV-Serie „Schlosshotel Orth".

MICHAEL DOUGLAS' VILLA

Als der vielgereiste Erzherzog Ludwig Salvator seinen Lebensmittelpunkt nach Mallorca verlegte, baute er das kleine Landhaus S'Estaca für seine Geliebte Catalina Homar.

Heute gehört das Haus Hollywood-Star Michael Douglas.

HABSBURGER

Derzeit leben ungefähr 500 Habsburger, davon in etwa 280 in Österreich.

DER TIROLERHOF
Der Tirolerhof in Schönbrunn wurde 1802 auf Bestreben des naturverbundenen Erzherzogs Johann von Österreich errichtet. Schon damals in der Romantik erfreute sich das Publikum an Alpenkitsch, und so durften auf dem Mini-Gehöft weder Kühe noch ein Tracht tragender Senner mit Alphorn nicht fehlen.

Der Original-Tirolerhof steht nicht mehr, heute nimmt eine Nachbildung seinen Platz ein.

A

B

C

D

H

I

J

K

L

M

Komische Künste
Shop & Galerie

Wiens
bester
Ort für
Menschen
mit Humor

© Michael Sowa

© Oliver Ottitsch

ALSO ICH
FIND'S PRIMITIV

**Komische Künste
Shop und Galerie**

MuseumsQuartier / quartier 21
Museumsplatz 1, 1070 Wien
Tel: 01/890 27 53
Mail: office@komischekuenste.com
Web: www.komischekuenste.com

An mindestens 365 Tagen im Jahr geöffnet!

Der Klassiker von Karl Kraus als Graphic Novel

Eigentlich hätte Karl Kraus »Die letzten Tage der Menschheit« ja einem »Marstheater« zugedacht – denn etwa zehn Abende würde eine Aufführung des gesamten Stückes umfassen.

Der Cartoonist und Hobby-Regisseur Daniel Jokesch hat das Weltkriegsdrama nun auf ausgewählte Comicstrips reduziert.

Das Ergebnis ist eine Inszenierung, die kein Marstheater braucht, sondern auch in der U-Bahn oder Badewanne konsumiert werden kann. Und die Menschheit wird in ihrem Untergang als das vorgeführt, was sie immer schon war: ein Haufen Comicfiguren!

Daniel Jokesch: Die letzten Tage der Menschheit

64 Seiten • ISBN 978-3-902980-05-2 • € 14,95

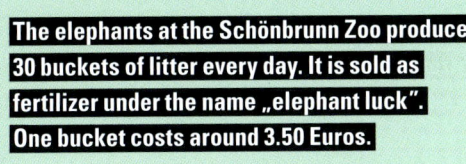

The elephants at the Schönbrunn Zoo produce 30 buckets of litter every day. It is sold as fertilizer under the name „elephant luck". One bucket costs around 3.50 Euros.

Following the succes of the little STADTBEKANNT book „Unnützes WienWissen", we are now publishing an English version of this bestseller. „Useless Facts Vienna" collects all the little anecdotes and stories about Vienna that couldn't be more quaint and still seem so legit, because they made Vienna what it is today. A city we all love.

Stadtbekannt.at
Useless Facts Vienna

128 Seiten • ISBN 978-3-902980-10-6 • € 9,99